Colette Samson

Alex et Zoé 2
et compagnie
Cahier d'activités

CLE
INTERNATIONAL

Bonjour ! Ça va ? Nous revoilà !

1A

Écris en toutes lettres l'âge des personnages et le tien !

Livre de l'élève p. 2
GP p. 6

Devoirs

| trente-sept ans / huit ans / cinquante-deux ans / sept ans / dix ans / neuf ans / quatre ans |

Quel âge a Zoé ?   Zoé a *neuf ans*

Quel âge a Alex ?   Alex a *huit ans*

Quel âge a Mamie ?   Mamie a *cinquante-deux ans*

Quel âge a Basile?   Basile a *dix ans*

Quel âge a Rodolphe ?   Rodolphe a *trente-sept ans*

Quel âge a Croquetout ?   Croquetout a *quatre ans*

Quel âge a Loulou ?   Loulou a *sept ans*

Et toi, tu as quel âge ?   Moi, j'ai *sept ans*

1B

Associe les répliques et mets le bon numéro dans les bulles !

Livre de l'élève p. 2
GP p. 6

1 Salut ! Ça va ?

2 Je m'appelle Adèle, et toi ?

3 Tu as quel âge ?

4 Tu as dix ans ?

5 Et moi, j'ai... douze ans.

6 Oui ! À plus tard !

4 Oui, dix ans ! ✓

1 Oui, merci, ça va ! ✓

6 Au revoir, Adèle ! ✓

3 J'ai dix ans. ✓

2 Je m'appelle Gautier. ✓

5 Douze ans ??? ✓

2A

Regarde et complète
les phrases !

Livre de l'élève p. 3
GP p. 8

jouer au tennis - jouer au football - les gâteaux - les frites - un rat - un hamster

Voilà Loulou. Il a sept ans. *C'est Ratafia. Elle a un rat*

Il a un hamster *Elle a huit ans*

Il aime jouer au football *Elle aime les frites*

Il aime aussi les gâteaux *Elle aime aussi jouer au tennis*

2B

Réponds, puis
interroge ton voisin
ou ta voisine !

Livre de l'élève p. 3
GP p. 8

un hamster - une perruche - un poisson rouge - une tortue - des frites - du fromage - du poulet - des gâteaux - du jus d'orange - du lait - faire la cuisine - dessiner - jouer au football - faire du cheval - jongler - jouer de la guitare - faire du judo - faire du ski - jouer au tennis - faire du vélo - lire - regarder la télévision - aller à la piscine

devoirs

	toi	ton voisin, ta voisine **MAX**
Tu as quel âge ?	*J'ai 7 ans*	*Max a 9 ans*
Tu as un chat ? un chien ? …	*J'ai un chien*	*Il a un chien*
Qu'est-ce que tu aimes manger ?	*Oui, j'aime manger*	*Il aime manger*
Qu'est-ce que tu aimes boire ?	*Oui, j'aime boire*	*Il aime boire*
Qu'est-ce que tu sais faire ?	*Je sais nager*	*Il sait nager aussi*
Qu'est-ce que tu aimes faire ?	*J'aime dormir*	*Il aime jouer au football*
Tu aimes l'école ? Oui ? Non ?	*Oui, j'aime l'école*	*Il aime l'école*

3A

Complète la lettre
et adresse-la
à un(e) camarade :
il ou elle répond à
tes questions !

Livre de l'élève p. 4
GP p. 10

| frère - veux - fais - as - dors - sœur - prends - regardes - anniversaire |

Bonjour .... !

Tu ___ un f_____ ? une s_____ ?
....

Qu'est-ce que tu _____ pour ton _____ ?
....

Qu'est-ce que tu _____ au petit déjeuner ?
....

Qu'est-ce que tu _____ dimanche ? Tu _____
la télévision ? Tu _____ ?
....

Réponds-moi vite ! Salut ! ....

| un appareil photo - un ballon - des billes - une guitare - un jeu vidéo - un livre - une poupée - un robot - des rollers - un stylo - un télescope - un vélo |

3B

Lis et numérote
les phrases !

Livre de l'élève p. 4
GP p. 10

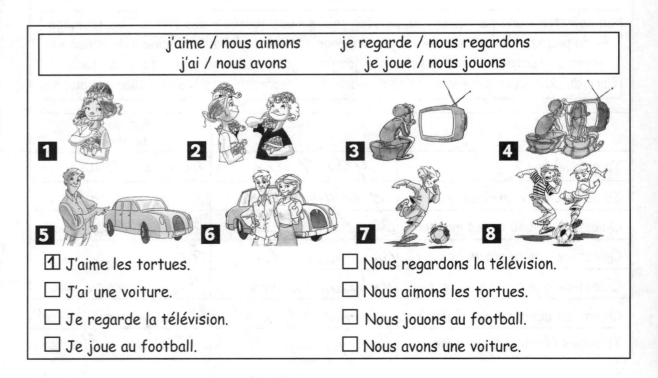

| j'aime / nous aimons | je regarde / nous regardons |
| j'ai / nous avons | je joue / nous jouons |

☑ J'aime les tortues.

☐ J'ai une voiture.

☐ Je regarde la télévision.

☐ Je joue au football.

☐ Nous regardons la télévision.

☐ Nous aimons les tortues.

☐ Nous jouons au football.

☐ Nous avons une voiture.

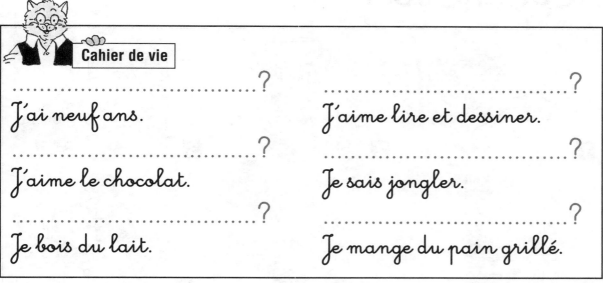

Cahier de vie

.... ?

J'ai neuf ans.

.... ?

J'aime le chocolat.

.... ?

Je bois du lait.

.... ?

J'aime lire et dessiner.

.... ?

Je sais jongler.

.... ?

Je mange du pain grillé.

4A

Tu sais poser
les questions
correspondantes ?

Livre de l'élève p. 5
GP p. 12

Test

MON SCORE : ... /10

4B

Tu sais dire ces
mots en français ?
Écris-les !

Auto-évaluation, Unité 1

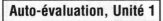

Super !

Pas mal !

À revoir !

4C

Évalue ton travail !

Dico-mémento

4D

Fabrique ton
dico-mémento et
contrôle ce que
tu sais !

Dépêche-toi !

1A

Lis et numérote
les phrases !

Livre de l'élève p. 6
GP p. 14

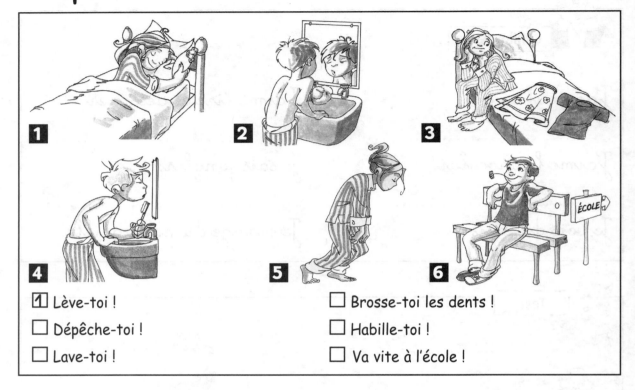

☑ Lève-toi !

☐ Dépêche-toi !

☐ Lave-toi !

☐ Brosse-toi les dents !

☐ Habille-toi !

☐ Va vite à l'école !

1B

Regarde
et complète,
puis compare
avec ton voisin,
ta voisine !

Livre de l'élève p. 6
GP p. 14

~~jouer au football~~ - dormir - courir - rêver - lire - danser - sauter - compter - faire du roller - jouer aux billes - faire du vélo - dessiner - prendre le bus - écouter de la musique - jouer au tennis - regarder la télévision - secouer les bras - jouer de la flûte

Je voudrais bouger !

Je voudrais jouer au football...

. . . .

. . . .

. . . .

. . . .

. . . .

Je voudrais ne pas bouger !

Je voudrais . . . .

. . . .

. . . .

. . . .

. . . .

. . . .

Unité 2 LEÇON 2

~~je me lève~~ - je me brosse les dents - je me lave -
je prends mon petit déjeuner - je vais à l'école - je m'habille

À [____] je me lève.　　　À [____]　je me ....

À [____] je me ....　　À [____]　je m' ....

À [____] je ....　　À [____]　je ....

....

Complète ton agenda
et compare avec
ton voisin, ta voisine !

Livre de l'élève p. 7
GP p. 16

Dessine l'heure
qu'il est !

Livre de l'élève p. 7
GP p. 16

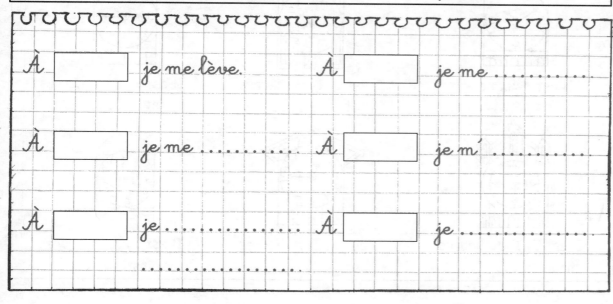

Il est huit heures cinq.　　Il est neuf heures vingt.　　Il est trois heures quarante.

Il est six heures trente-cinq.　　Il est deux heures dix.　　Il est dix heures quinze.

Il est une heure cinquante.　　Il est sept heures vingt-cinq.　　Il est onze heures trente.

7

3A

Écris l'heure qu'il est !

Livre de l'élève p. 8
GP p. 18

Il est deux heures moins *dix*.

Il est . . . . . . heures et . . . .

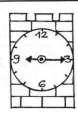

Il est . . . . . . heures et . . . .

Il est . . . . . . heures moins le . . . .

Il est . . . . . . heures et . . . .

Il est . . . . . . heures moins . . . .

3B

Lis et dessine les heures !

Livre de l'élève p. 8
GP p. 18

Aujourd'hui, c'est dimanche ! Je me réveille à neuf heures et demie et je me lève à dix heures. Je prends mon petit déjeuner à dix heures et quart. J'écoute de la musique à onze heures moins le quart. Je regarde la télévision à onze heures et demie. Et je m'habille à une heure dix !

Cahier de vie

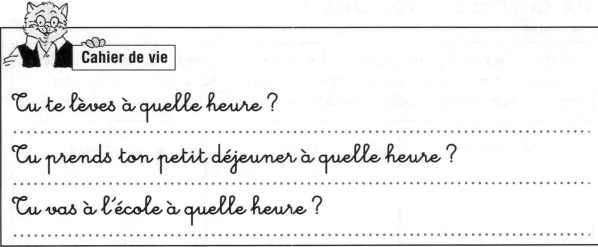

Tu te lèves à quelle heure ?

....

Tu prends ton petit déjeuner à quelle heure ?

....

Tu vas à l'école à quelle heure ?

....

4A

Tu sais répondre à ces questions ?

Livre de l'élève p. 9
GP p. 20

Test

MON SCORE : ... /14

4B

Tu sais donner ces consignes et dire l'heure qu'il est en français ? Écris !

Auto-évaluation, Unité 2

 **Super !**  **Pas mal !**  **À revoir !**

4C

Évalue ton travail !

Dico-mémento

4D

Découpe les mots et colle-les, puis contrôle ce que tu sais !

Tu aimes l'école ?

1A

Dessine et écris
ce que tu adores,
aimes et détestes !

Livre de l'élève p. 10
GP p. 22

les chats - les chiens - les dauphins - les poules - les vaches - les robots - le bleu -
le noir - le rouge - le rose - les frites - le poisson - les gâteaux - le chocolat -
dormir - danser - faire la cuisine - aller à l'école - dessiner - lire - prendre le train - rêver

♥ J'adore	☺ J'aime	💣 Je déteste

J'adore ....

J'aime ....

Je déteste ....

1B

Mets les lettres
dans l'ordre,
relie les mots aux
dessins et écris-les !

Livre de l'élève p. 10
GP p. 22

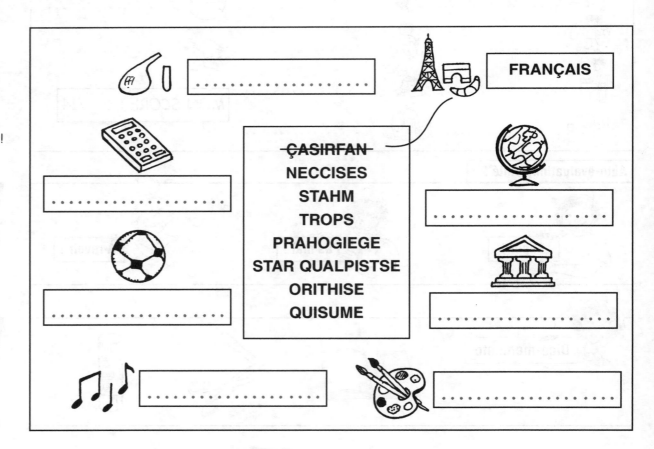

FRANÇAIS

ÇASIRFAN
NECCISES
STAHM
TROPS
PRAHOGIEGE
STAR QUALPISTSE
ORITHISE
QUISUME

2A

Complète ton emploi
du temps réel
ou imaginaire !

Livre de l'élève p. 11
GP p. 24

Mon emploi du temps

Horaires	Lundi	Mardi	Mercredi	Jeudi	Vendredi	Samedi

Le .... j'ai .... à .... J'adore ....

Le .... j'ai .... à .... J'aime ....

Le .... j'ai .... à .... Je déteste ....

Le vendredi, j'ai .... à .... J..................

2B

Regarde les fuseaux
horaires dans
le livre et réponds
aux questions !

Livre de l'élève p. 11
GP p. 24

Il est sept heures à New York. Quelle heure est-il à... ?

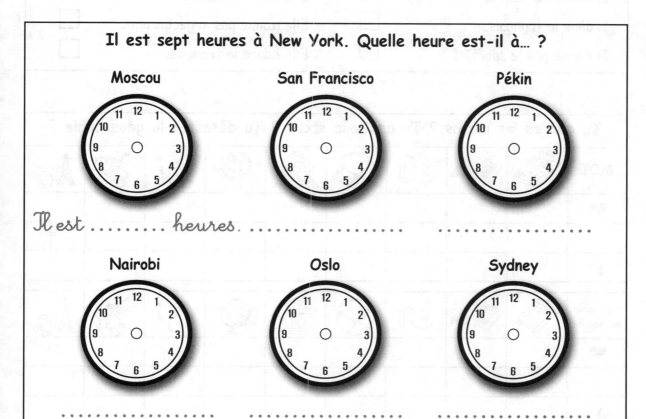

Moscou   San Francisco   Pékin

Il est .... heures ....

Nairobi   Oslo   Sydney

....

3A

Vrai ou faux ?
Vrai = V
Faux = F

Livre de l'élève p. 12
GP p. 26

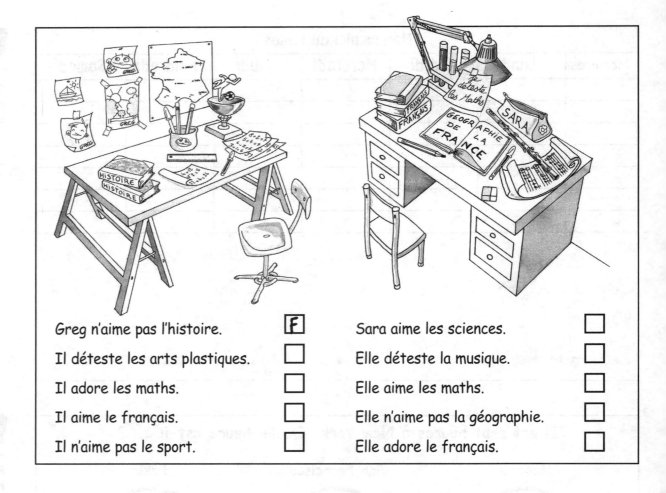

Greg n'aime pas l'histoire. **F**	Sara aime les sciences. ☐
Il déteste les arts plastiques. ☐	Elle déteste la musique. ☐
Il adore les maths. ☐	Elle aime les maths. ☐
Il aime le français. ☐	Elle n'aime pas la géographie. ☐
Il n'aime pas le sport. ☐	Elle adore le français. ☐

3B

Réponds et
interviewe
un(e) camarade !

Livre de l'élève p. 12
GP p. 26

Tu adores les maths ? Tu aimes le sport ? Tu détestes la géographie ?

MOI									
❤									
☺									
💣									

Mon voisin, ma voisine									
❤									
☺									
💣									

Cahier de vie

Il y a une cantine dans ton école ?

....

Il y a des récréations ?   Qu'est-ce que tu adores ?

....

Tu es fort(e) en maths ? en sport ?

....

Tu sais répondre
à ces questions ?

Livre de l'élève p. 13
GP p. 28

Test

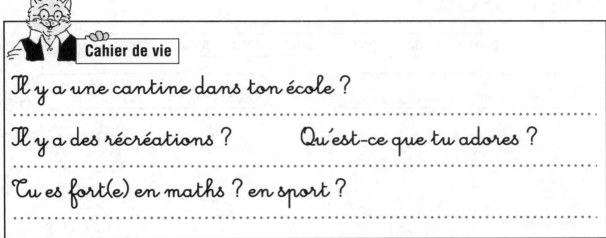

Tu sais dire
ces mots en français ?
Écris-les !

MON SCORE : ... /14

Auto-évaluation, Unité 3

Super !   **Pas mal !**   **À revoir !**

Évalue ton travail !

Dico-mémento

Découpe les mots
et colle-les,
puis contrôle
ce que tu sais !

Qui est-ce ?

1A

Complète les bulles !

Relie les mots !

Livre de l'élève p. 16
GP p. 30

2A

Retrouve les noms des mois !

Livre de l'élève p. 17
GP p. 32

~~janvier~~ - février - mars - avril - mai - juin - juillet - août - septembre - octobre - novembre - décembre

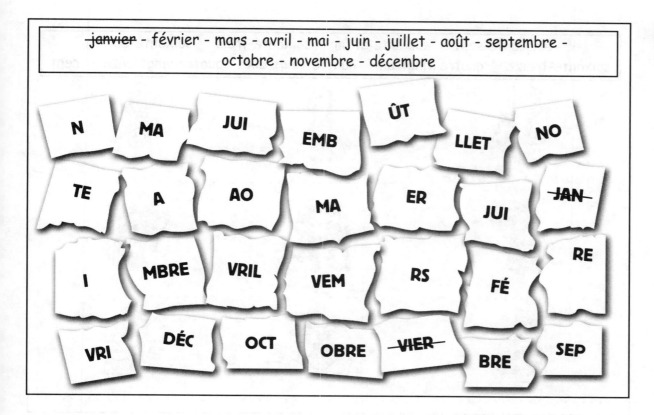

N · MA · JUI · ÛT · LLET · NO
TE · A · AO · MA · ER · JUI · ~~JAN~~
I · MBRE · VRIL · VEM · RS · FÉ · RE
VRI · DÉC · OCT · OBRE · ~~VIER~~ · BRE · SEP

2B

Va interviewer tes camarades et écris leur nom !

Livre de l'élève p. 17
GP p. 32

Tu es né(e) quand ? En janvier ?

Janvier	Février	Mars	Avril
. . . .	. . . .	. . . .	. . . .
. . . .	. . . .	. . . .	. . . .
. . . .	. . . .	. . . .	. . . .
Mai	**Juin**	**Juillet**	**Août**
. . . .	. . . .	. . . .	. . . .
. . . .	. . . .	. . . .	. . . .
. . . .	. . . .	. . . .	. . . .
Septembre	**Octobre**	**Novembre**	**Décembre**
. . . .	. . . .	. . . .	. . . .
. . . .	. . . .	. . . .	. . . .
. . . .	. . . .	. . . .	. . . .

3A

Écris les âges !

Livre de l'élève p. 18
GP p. 34

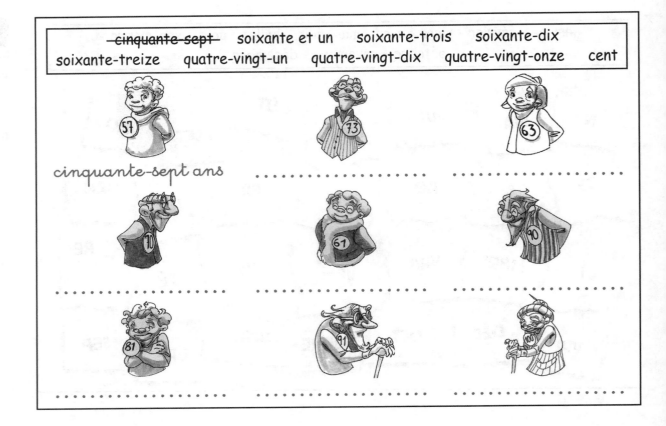

| cinquante-sept | soixante et un | soixante-trois | soixante-dix |
| soixante-treize | quatre-vingt-un | quatre-vingt-dix | quatre-vingt-onze | cent |

cinquante-sept ans ....

....

....

3B

Écris une lettre et
adresse-la à ton
ou ta camarade !

Dessine le mois que
tu préfères !

Livre de l'élève p. 18
GP p. 34

Bonjour .... !

Je suis né(e) le .... Et toi ?

Ma .... est née le .... Elle a .... ans.

Mon .... est né le .... Il a .... ans.

....

Je préfère le mois de .... Toi aussi ?

À plus tard !

....

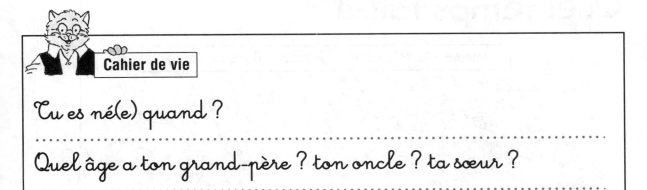

Cahier de vie

Tu es né(e) quand ?

....

Quel âge a ton grand-père ? ton oncle ? ta sœur ?

....

4A

Tu sais répondre
à ces questions ?

Livre de l'élève p. 19
GP p. 36

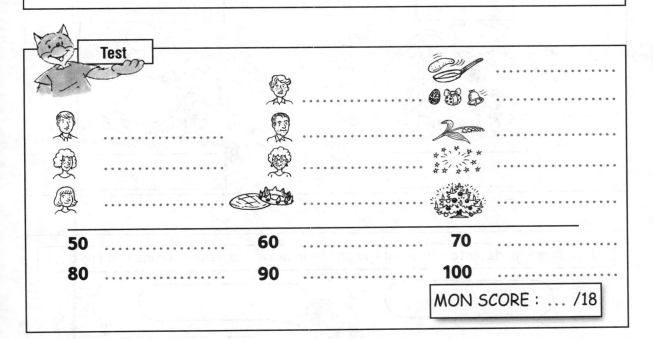

Test

| 50 | .... | 60 | .... | 70 | .... |
| 80 | .... | 90 | .... | 100 | .... |

MON SCORE : ... /18

4B

Tu sais dire les noms
des membres de ta
famille en français ?

Tu sais dire ces mois
de l'année ?

Tu sais dire ces
nombres ?

Écris-les !

Auto-évaluation, Unité 4

Super !

Pas mal !

À revoir !

4C

Évalue ton travail !

Dico-mémento

4D

Découpe les mots
et colle-les,
puis contrôle
ce que tu sais !

Quel temps fait-il ?

1A

Écris !

Livre de l'élève p. 20
GP p. 38

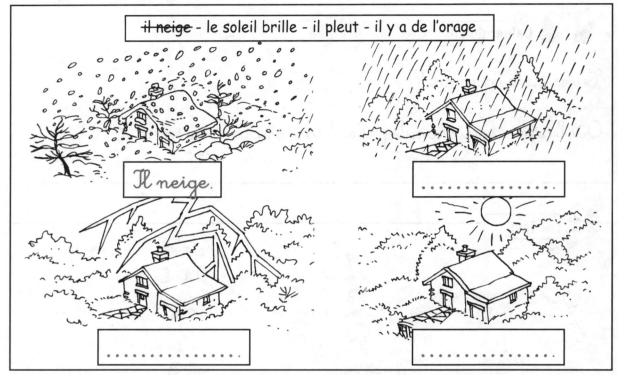

il neige - le soleil brille - il pleut - il y a de l'orage

Il neige.

1B

Complète les bulles !

Livre de l'élève p. 20
GP p. 38

j'adore - je déteste - le soleil - la pluie - la neige - le vent - l'orage - le froid

2A

→ ↓ ↗

~~chaud~~   beau   janvier
orage   lunettes   mars
juillet   aujourd'hui
pull   parapluie   ↘
août   neige
soleil   décembre
             vent
             chapeau
             avril
             mai

Retrouve les mots et entoure-les dans la grille !

Livre de l'élève p. 21
GP p. 40

2B

~~prends~~ - bottes - marche - piscine - parapluie - mets - jus - fais -
joue - lunettes - bois - regarde - pull - chocolat - ski - courir

Complète
les phrases !

Livre de l'élève p. 21
GP p. 40

Il pleut !   𝒫rends ton . . . . ! Mets tes . . . . !

Il fait froid !   . . . . un . . . . ! Bois du . . . . chaud !

Il fait chaud !   . . . . un . . . . d'orange ! Va à la . . . . !

Il neige !   . . . . dans la neige ! . . . . du . . . . !

Le soleil brille !   . . . . dans le jardin. Mets tes . . . . de soleil !

Il fait du vent !   . . . . les nuages . . . . !

3A

Regarde et écris !

Livre de l'élève p. 22
GP p. 42

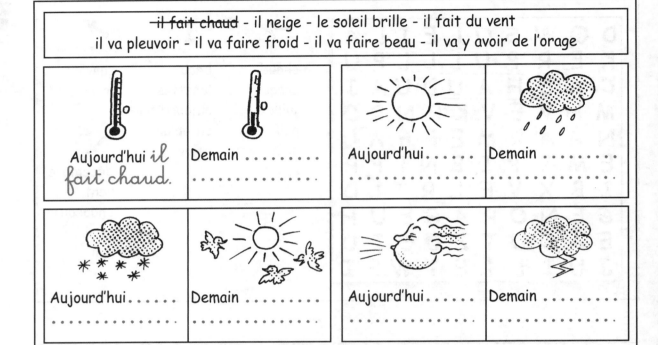

il fait chaud - il neige - le soleil brille - il fait du vent
il va pleuvoir - il va faire froid - il va faire beau - il va y avoir de l'orage

Aujourd'hui *il fait chaud.* | Demain . . . .
. . . .

Aujourd'hui . . . . . . | Demain . . . .
. . . .

Aujourd'hui . . . . . . | Demain . . . .
. . . .

Aujourd'hui . . . . . . | Demain . . . .
. . . .

3B

Complète la lettre
(voir 1A, 1B, 3A)
et adresse-la à ton
ou ta camarade !

Livre de l'élève p. 22
GP p. 42

mon bonnet - mes bottes - mon pull - mon chapeau - mes lunettes - mon parapluie -
je fais du roller - je fais du vélo - je vais à la piscine - je dessine dans ma chambre
- je regarde la télévision - je lis un livre - je fais du ski - je marche - etc.

Bonjour . . . . !

Aujourd'hui, ... Il fait . . . .

— C'est super ! J'adore . . . . !*

— Ça va mal ! Je déteste . . . . !*

Je mets m . . . . et je prends m . . . .

Je . . . . et je . . . .

Et toi, qu'est-ce que tu fais ?

Réponds-moi vite !

*(choisis !)   Amitiés . . . .

Cahier de vie

Quel temps fait-il aujourd'hui ?

....

Quel temps va-t-il faire demain ?

....

4A

Tu sais répondre
à ces questions ?

Livre de l'élève p. 23
GP p. 44

Test

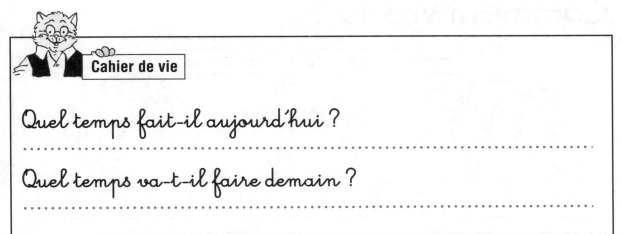
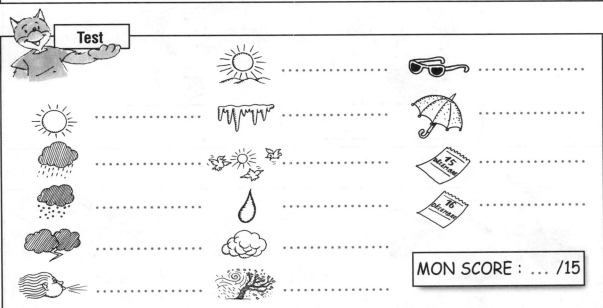

MON SCORE : ... /15

4B

Tu sais dire ces
mots et le temps
qu'il fait en français ?
Oui ? Écris-les !

Auto-évaluation, Unité 5

Super !   **Pas mal !**   **À revoir !**

4C

Évalue ton travail !

Dico-mémento

4D

Découpe les mots
et colle-les,
puis contrôle
ce que tu sais !

Comment vas-tu ?

~~chaud~~   froid   faim   soif   peur

Elle a chaud.   Il..............   ....

....

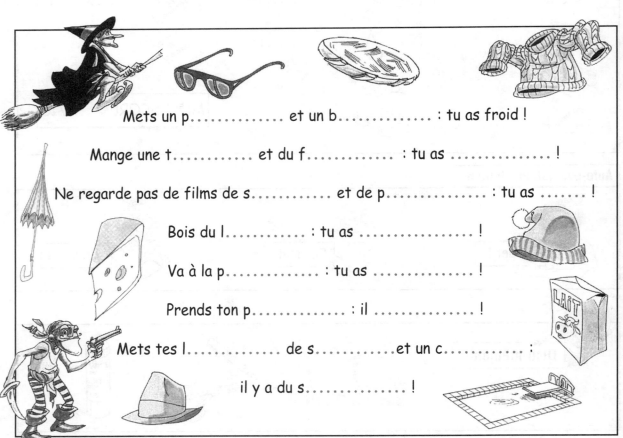

Mets un p.............. et un b.............. : tu as froid !

Mange une t............ et du f............. : tu as .... !

Ne regarde pas de films de s............ et de p.............. : tu as .... !

Bois du l............ : tu as .... !

Va à la p.............. : tu as .... !

Prends ton p.............. : il .... !

Mets tes l.............. de s............et un c............. :

il y a du s.............. !

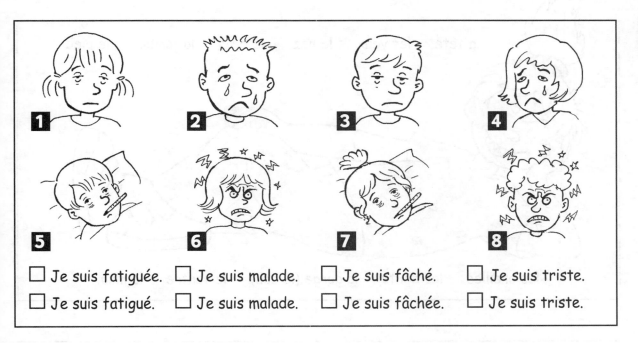

Lis et écris
les numéros !

Livre de l'élève p. 25
GP p. 48

☐ Je suis fatiguée. ☐ Je suis malade. ☐ Je suis fâché. ☐ Je suis triste.

☐ Je suis fatigué. ☐ Je suis malade. ☐ Je suis fâchée. ☐ Je suis triste.

2B

Complète les
phrases et compare
avec ton voisin,
ta voisine !

Livre de l'élève p. 25
GP p. 48

> je suis fatigué(e) - je suis malade - je suis triste - je suis fâché(e) -
> j'ai soif - j'ai froid - j'ai chaud - j'ai faim - j'ai peur - je vais bien

Tu as froid ? — Non, je n'ai pas froid, je suis *fatigué* !

Tu as chaud ? — Non, je n'ai pas chaud, je suis . . . . !

Tu as faim ? — Non, je n'ai pas faim, je . . . . !

Tu as peur ? — Non, je n'ai pas peur, ... !

Tu es triste ? — Non, je ne suis pas . . . . !

Tu as soif ? — Non, je n'ai . . . . !

Tu es fatigué ? — Non, je ne . . . . !

Tu es malade ? — Non, je . . . . !

Tu es fâché ? — Non, ... !

Relie les mots
au dessin !

Livre de l'élève p. 26
GP p. 50

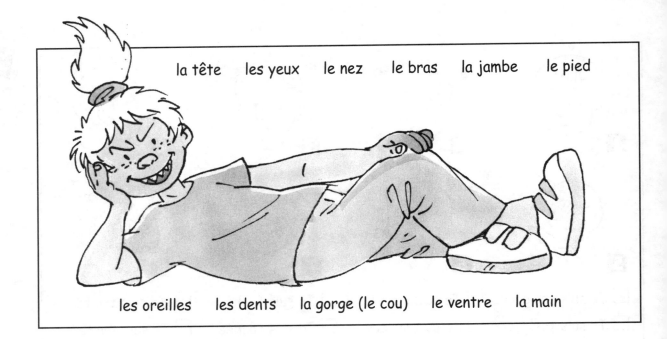

la tête   les yeux   le nez   le bras   la jambe   le pied

les oreilles   les dents   la gorge (le cou)   le ventre   la main

Lis et numérote
les phrases !

Livre de l'élève p. 26
GP p. 50

7 J'ai mal au nez. ☐ J'ai mal au pied. ☐ J'ai mal aux dents. ☐ J'ai mal au bras.
☐ J'ai mal au ventre. ☐ J'ai mal à la jambe. ☐ J'ai mal aux oreilles.
☐ J'ai mal aux yeux. ☐ J'ai mal à la gorge. ☐ J'ai mal à la tête.

Cahier de vie

4A

Tu sais répondre
à ces questions ?

Livre de l'élève p. 27
GP p. 52

Comment vas-tu aujourd'hui ? Tu as froid ?
Tu as chaud ? Tu as faim ? Tu es fatigué(e) ?

....

Tu as mal à la tête ? au ventre ? Tu vas bien ?

....

Test

4B

Tu sais dire ces
phrases en français ?
Écris-les !

MON SCORE : ... /14

Auto-évaluation, Unité 6

4C

Évalue ton travail !

Super !

Pas mal !

À revoir !

Dico-mémento

4D

Découpe les mots
et colle-les,
puis contrôle
ce que tu sais !

Qu'est-ce que tu vas faire ?

1A

Complète les bulles !

Livre de l'élève p. 30
GP p. 54

je vais jouer au foot - je vais faire du cheval - je vais visiter Paris - je vais jouer au tennis - je vais faire du vélo - je vais faire du judo

1B

Range les verbes à leur place !

Livre de l'élève p. 30
GP p. 54

~~je suis~~ - tu vas - tu as - tu es - je veux - elle sait - il va - il a - vous avez - vous savez - nous voulons - je sais - je vais - vous voulez - nous sommes - tu veux - nous savons - nous allons - elle est - j'ai - nous avons - vous êtes - elle veut - tu sais - vous allez

être	aller	vouloir	avoir	savoir
Je suis.	....	....	....	....
Tu	....	....	....	....
Elle .... Il		....	....	....
Nous	....	....	....	....
Vous	....	....	....	....

2A

Complète
les phrases !
Attention ! Il y a
un "intrus" !

Livre de l'élève p. 31
GP p. 56

+ PLUS   − MOINS

en Afrique - en Norvège - en France - en Angleterre - en Chine - en Égypte - en Russie

Il fait plus beau en............!

Il fait moins froid en............!

Il fait plus chaud en............!

Il y a moins de soleil en ....!

Il pleut plus en............!

Il neige plus en............!

2B

Écris une lettre et
adresse-la à ton ou
ta camarade !

Livre de l'élève p. 31
GP p. 56

manger - travailler - écouter - regarder la télévision - faire du sport - marcher à pied - prendre la voiture - lire - faire du vélo - jouer - bouger - faire du roller - dormir - etc.

Bonjour .... !

Je vais plus .... et plus ....

Je vais moins .... et moins ....

Je vais plus .... et moins ....

Et toi ? Qu'est-ce que tu vas faire ?

Amitiés !

....

3A

Relie les mots
aux dessins !

Livre de l'élève p. 32
GP p. 58

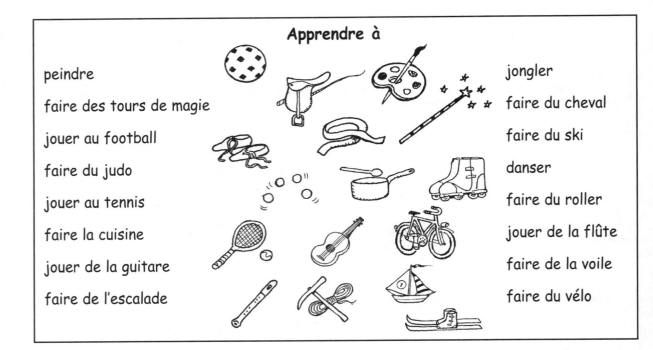

Apprendre à

peindre

faire des tours de magie

jouer au football

faire du judo

jouer au tennis

faire la cuisine

jouer de la guitare

faire de l'escalade

jongler

faire du cheval

faire du ski

danser

faire du roller

jouer de la flûte

faire de la voile

faire du vélo

3B

Va interviewer tes
camarades et écris !

Livre de l'élève p. 32
GP p. 58

Qu'est-ce que tu vas apprendre à faire ?									
Prénoms									**autre**
. . . .									
. . . .									
. . . .									
. . . .									
. . . .									

. . . . *va apprendre à* . . . .

. . . . *va apprendre à* . . . .

. . . . *va apprendre à* . . . .

. . . . *va apprendre à* . . . .

. . . . *va apprendre à* . . . .

Cahier de vie

Tu vas faire plus de sport ? Tu vas lire plus ?

. . . .

Qu'est-ce que tu vas apprendre à faire ?

. . . .

4A

Tu sais répondre
à ces questions ?

Livre de l'élève p. 33
GP p. 60

Test

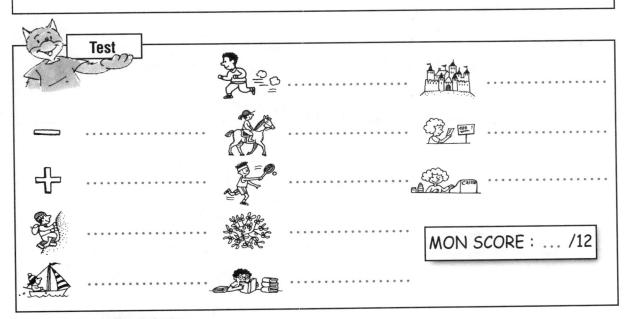

MON SCORE : . . . /12

4B

Tu sais dire ces
mots en français ?
Écris-les !

Auto-évaluation, Unité 7

 Super !   Pas mal !   À revoir !

4C

Évalue ton travail !

Dico-mémento

4D

Découpe les mots
et colle-les,
puis contrôle
ce que tu sais !

Est-ce que je peux avoir un sandwich ?

1A

Relie les mots aux dessins !

Livre de l'élève p. 34
GP p. 62

Table 12

un œuf - un fromage
un mouton - un poisson
une salade - des frites
une pomme - une banane
une orange - un abricot
une pêche - une poire
un pain - un poulet
une tartine - un café au lait
un croissant - un gâteau

1B

Écris les mots et colorie les dessins !

Livre de l'élève p. 34
GP p. 62

Est-ce que je peux avoir ...

un gâteau - une glace - une crêpe - un sandwich - un jus de pomme - un chocolat
- un lait - un jus d'orange

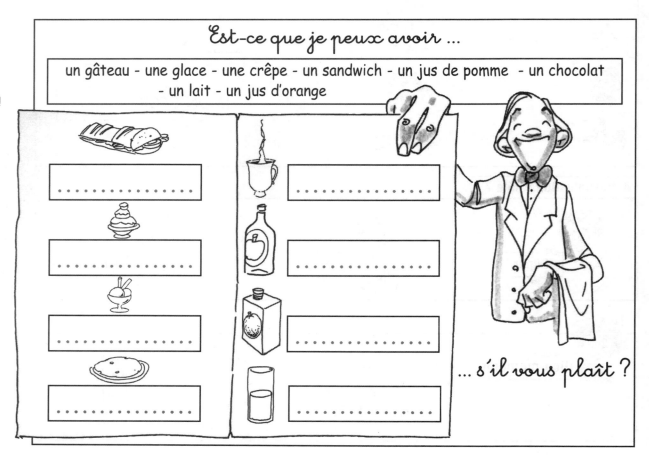

... s'il vous plaît ?

2A

Coche ce que
tu veux et écris
ta commande !

Livre de l'élève p. 35
GP p. 64

un sandwich - une quiche - des frites - une salade - une eau minérale - un jus -
un coca - un lait - une glace - une tarte - un gâteau - une crêpe

Menu

Sandwiches, quiches, salades

Sandwich au poulet ☐
Sandwich aux tomates et aux œufs ☐
Sandwich au fromage ☐
Frites ☐
Quiche au fromage ☐
Quiche au poulet ☐
Salade verte ☐
Salade de tomates ☐

Boissons

Eau minérale ☐
Jus d'orange ☐
Jus de pomme ☐
Coca ☐
Lait ☐

Desserts

Glace à la banane ☐
Glace au citron ☐
Glace à la fraise ☐
Glace à la pêche ☐
Glace à la poire ☐
Glace à la vanille ☐
Glace au chocolat ☐
Glace au café ☐

Tarte aux pommes ☐
Tarte aux poires ☐
Tarte aux fraises ☐
Gâteau au chocolat ☐
Crêpe à la confiture ☐

Je voudrais un(e) ...., ..., ...
et .... !

2B

Dessine et écris !

Livre de l'élève p. 35
GP p. 64

Mon sandwich

Dans mon sandwich, je voudrais

des ....,

de la ....,

du ....,

et ....

Miam !

3A

Complète le texte !

Livre de l'élève p. 36
GP p. 66

La recette des crêpes

Tu as besoin de 250 grammes de *farine*, 3 ...., un demi-litre de
..............., de l'...............et du ....

Mets la 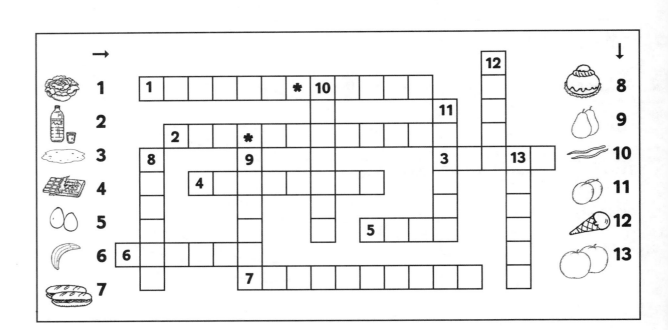 dans une terrine et .... un trou (un puits) au centre.

.... les 🥚🥚🥚 et .... avec l'huile, le sel et le .

.... un peu d'huile dans une . ... une petite de pâte.

.... dès que la est dorée .... le deuxième côté.

Tu peux mettre de la ou du sucre sur la .

Bon appétit !

~~farine~~ - lait - œufs - sel - huile
~~mets~~ - fais - verse - fais cuire - ajoute - fais chauffer - mélange - retourne

3B

Écris les mots
dans la grille !

Livre de l'élève p. 36
GP p. 66

Cahier de vie

Qu'est-ce que tu aimes ? Les sandwichs ? les crêpes ?
les tartes ?

. . . .

Qu'est-ce que tu n'aimes pas ?

. . . .

Tu sais répondre
à ces questions ?

Livre de l'élève p. 37
GP p. 68

Test

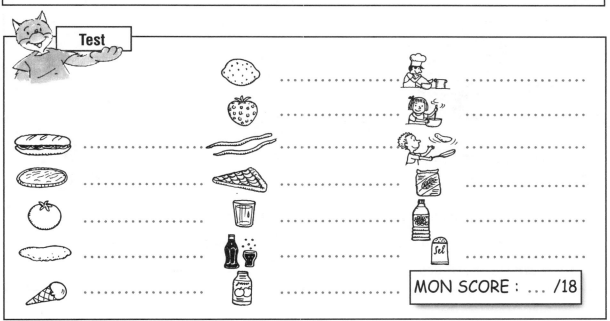

MON SCORE : ... /18

Tu sais dire ces
mots en français ?
Écris-les !

Auto-évaluation, Unité 8

 Super !    Pas mal !    À revoir !

Évalue ton travail !

 **Dico-mémento**

Découpe les mots
et colle-les,
puis contrôle
ce que tu sais !

Qu'est-ce que tu préfères ?

1A

Lis et numérote
les phrases !

Livre de l'élève p. 38
GP p. 70

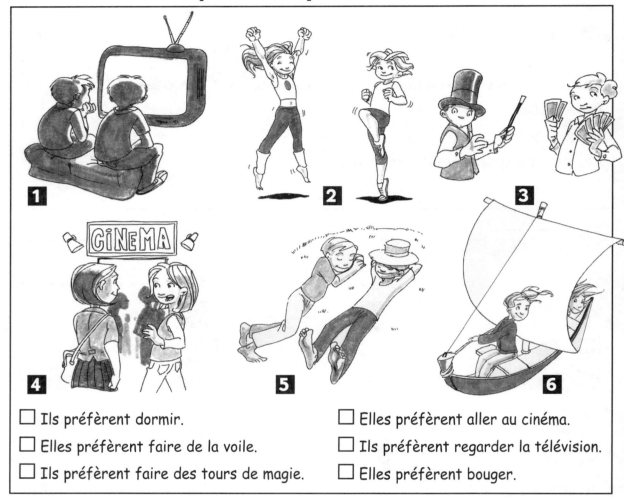

☐ Ils préfèrent dormir.

☐ Elles préfèrent faire de la voile.

☐ Ils préfèrent faire des tours de magie.

☐ Elles préfèrent aller au cinéma.

☐ Ils préfèrent regarder la télévision.

☐ Elles préfèrent bouger.

1B

Regarde le livre
page 38 et
complète !

(Va voir aussi le CA
page 26)

Livre de l'élève p. 38
GP p. 70

avoir	être	prendre	préférer
J'ai	Je suis	Je prends	Je préfère
Tu	Tu	Tu	Tu ....
Il	Elle	Il	Elle ....
Nous	Nous	Nous pren.....	Nous préfér...
Vous	Vous	Vous pren.....	Vous préfér...
Ils	Elles	Ils prenn.....	Elles préfér...

Qu'est-ce que tu préfères ?

2A

Réponds et compare les réponses avec ton voisin, ta voisine !

Livre de l'élève p. 39
GP p. 72

Les tigres ou les lions ?   *Je préfère* ....

Les dauphins ou les éléphants ? ....

Les maths ou le sport ? ....

L'histoire ou la géographie ? ....

Le soleil ou la pluie ? ....

Le poulet ou le poisson ? ....

La salade verte ou les tomates ? ....

Les gâteaux ou les glaces ? ....

Les fraises ou les pommes ? ....

Faire de l'escalade ou faire la cuisine ? ....

Dormir ou bouger ? ....

Courir ou rêver ? ....

2B

Écris une lettre et adresse-la à ton ou ta camarade !

Livre de l'élève p. 39
GP p. 72

Bonjour .... !

Mon animal préféré, c'est .... *Ma matière préférée à l'école c'est* .... *Ma boisson préférée c'est* .... *Ma nourriture préférée c'est* .... *Mon passe-temps préféré c'est* .... *Mon sport préféré c'est* .... *Ma couleur préférée c'est le* .... *Mon nombre préféré c'est le* ....

Et toi ?

Salut ! ....

3A

Va interviewer
tes camarades !

Livre de l'élève p. 40
GP p. 74

Tu préfères ... / Prénoms								autre
. . . .								
. . . .								
. . . .								
. . . .								
. . . .								

Tu préfères dessiner, faire des tours de magie ?

. . . . préfère . . . .

. . . . préfère . . . .

. . . . préfère . . . .

. . . . préfère . . . .

. . . . préfère . . . .

3B

Choisis et écris !

Livre de l'élève p. 40
GP p. 74

Quel personnage préfères-tu ? Donne des points !

	Moi	Mon voisin, ma voisine	Total
Croquetout	deux points	. . . .	. . . .
Alex	. . . .	. . . .	. . . .
Zoé	. . . .	. . . .	. . . .
Ratafia	. . . .	. . . .	. . . .
Loulou	. . . .	. . . .	. . . .
Basile	. . . .	. . . .	. . . .
Mamie	. . . .	. . . .	. . . .
Rodolphe	. . . .	. . . .	. . . .

■ Je préfère . . . .

■ . . . . préfère . . . .

■ Nous préférons . . . .

Cahier de vie

Qu'est-ce que tu préfères ?

Je préfère ....

....

4A

Tu sais répondre
à ces questions ?

Livre de l'élève p. 41
GP p. 76

Test

MON SCORE : ... /16

4B

Tu sais dire ces
pronoms personnels et
ces mots en français ?
Écris-les !

Auto-évaluation, Unité 9

 **Super !**   **Pas mal !** **À revoir !**

4C

Évalue ton travail !

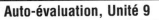 **Dico-mémento**

4D

Découpe les mots
et colle-les,
puis contrôle
ce que tu sais !

Qu'est-ce qu'ils mangent ?

Écris les mots
et compare avec
ton voisin, ta voisine !

Livre de l'élève p. 44
GP p. 78

> le cerf - le hamster - l'âne - l'écureuil - le lapin - la tortue - le loup - l'ours - la vache
> le rat - la poule - le renard - le dauphin - le serpent - le mouton - le papillon

Vivent dans la forêt :

. . . .

. . . .

. . . .

. . . .

. . . .

. . . .

. . . .

Ne vivent pas dans la forêt :

. . . .

. . . .

. . . .

. . . .

. . . .

. . . .

. . . .

Réponds et écris !

Livre de l'élève p. 44
GP p. 78

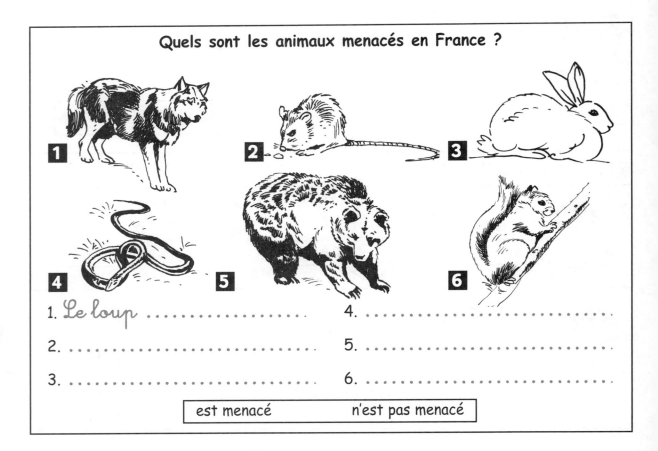

Quels sont les animaux menacés en France ?

1. *Le loup* . . . .

2. . . . .

3. . . . .

4. . . . .

5. . . . .

6. . . . .

| est menacé | n'est pas menacé |

2A

Regarde et écris !

Livre de l'élève p. 45
GP p. 80

Dans la forêt, il y a trois ....

....

2B

Prépare la grille
pour ton voisin,
ta voisine !

Livre de l'élève p. 45
GP p. 80

Qu'est-ce qu'ils mangent ?

des carottes - de l'herbe - des noisettes - de la salade - des graines - des pommes -
du poisson - des rats - des poules - des moutons - des fruits - de la viande

	Vrai	Faux
Les cerfs mangent	☐	☐
Les perruches mangent	☐	☐
Les renards mangent	☐	☐
Les poules	☐	☐
Les écureuils	☐	☐
Les moutons	☐	☐
Les serpents	☐	☐
Les tortues	☐	☐
Les chats	☐	☐
Les ours	☐	☐
Les ânes	☐	☐
Les lapins	☐	☐
Les loups	☐	☐

3A

Lis et écris les mots
puis invente une
devinette !

Livre de l'élève p. 46
GP p. 82

Devinettes

■ Il mange de l'herbe, des pommes et des carottes. Il est gris. Il vit à la ferme.
Il ne sait pas très bien chanter. Qui est-ce ? C'est l'. . . . .

■ Elle mange de la salade et de l'herbe. Elle ne marche pas vite.
Elle est verte ou marron. Qui est-ce ? C'est la . . . .

■ Il mange de la viande : des moutons et des poules. Il vit dans la forêt.
Il court très vite. Il est gris. Qui est-ce ? C'est le . . . .

■ Il mange de l'herbe. Il vit dans la forêt. Il est grand et marron.
Il n'aime pas les chasseurs. Qui est-ce ? C'est le . . . .

■ Il mange des noisettes, des graines et des fruits. Il est roux.
Il sait sauter et courir. Il vit dans la forêt. Qui est-ce ? C'est l'. . . . .

■ Il/elle mange des . . . .   Il/elle est . . . .
Il/elle . . . .   Il/elle . . . .   Qui est-ce ? C'est . . . .

3B

Écris tout ce que
tu sais sur
ces animaux !

Livre de l'élève p. 46
GP p. 82

Il vit dans la forêt. Il est roux. Il mange . . . .
. . . .
Le . . . .

. . . .
. . . .
L' . . . .

. . . .
Le . . . .

. . . .
Le . . . .

Cahier de vie

Y a-t-il des loups dans ton pays ? des cerfs ? des ours ?

....

Que mangent les écureuils ?

....

Que mangent les lapins ?

....

Tu sais répondre
à ces questions ?

Livre de l'élève p. 47
GP p. 84

Test

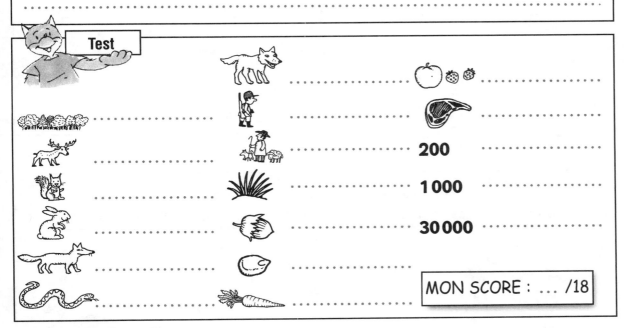

MON SCORE : ... /18

Tu sais dire ces mots
en français ?
Écris-les !

Auto-évaluation, Unité 10

 **Super !**

Pas mal !

 **À revoir !**

Évalue ton travail !

 **Dico-mémento**

Découpe les mots
et colle-les,
puis contrôle
ce que tu sais !

De quoi as-tu peur ?

1A

Écris les lettres qui manquent !

Livre de l'élève p. 48
GP p. 86

_ e _ _   _ l _ ph _ _ t   _ c _ r _ _ _ l   _ o _ _ o _

_ a _ i _ _ o   _ e _ _ e _ _   _ _ rs   _ a _ i _

_ ou _   _ au _ _ i   _ e _ a _ _   _ e _ _ _ _ _ e

1B

Complète !

Livre de l'élève p. 48
GP p. 86

~~une araignée~~ - une mouche - un serpent -
ma trousse - mes cheveux - l'herbe - ma chaussure - mon nez - mes frites

1 **2** **3**

4 **5** **6**

1. Il y a *une araignée* dans . . . . !   4. Il y a . . . . dans . . . . !

2. Il y a . . . . dans . . . . !   5. Il y a . . . . dans . . . . !

3. Il y a . . . . dans . . . . !   6. Il y a . . . . sur . . . . !

A	un ours
☐	un pirate
☐	un fantôme
☐	une araignée
☐	une momie
☐	un rat
☐	un robot
☐	un loup
☐	un vampire
☐	une mouche
☐	un monstre
☐	une sorcière
☐	un dragon
☐	un serpent

2A

Lis et mets
les lettres
correspondantes !

Livre de l'élève p. 49
GP p. 88

Bonjour ....!

J'ai peur des momies, des ...., ...

et des .... : ils (elles) sont ....!

Je n'ai pas peur des ...., des ....

et des ....!

Et toi, tu n'as peur de rien ?

Salut !

....

2B

Écris une lettre et
adresse-la à ton ou
ta camarade !

Livre de l'élève p. 49
GP p. 88

3A

Va interviewer tes camarades et écris !

Livre de l'élève p. 50
GP p. 90

De quoi as-tu peur ?									
Tu as peur des… ? / Prénoms									autre
. . . .									
. . . .									
. . . .									
. . . .									
. . . .									

. . . . *a peur des* . . . .

. . . . *a peur des* . . . .

. . . . *a peur des* . . . .

. . . . *a peur des* . . . .

. . . . *a peur des* . . . .

3B

Retrouve les mots et entoure-les dans la grille !

Livre de l'élève p. 50
GP p. 90

```
S M E C H A N T S D
M O N S T R E F I E
M O U R S F L E A Z G
M C A C F R L N S O
I H T F I S S T E U
E E I P T E W O R T
S S M A T H R M P A
K A R A I G N E E N
V O R A G E S S N T
L I O N R O B O T S
P E U R E L O U P S
```

→ ↓ ↗

araignée   tigre   vampire
méchants   momies   pirates
peur   serpent   laid
robots   dégoûtants   rats
orages   fantômes
ours   mouches   sifflet
lion   rat
loups   ↘
monstre   sorcière

4A

Tu sais répondre
à ces questions ?

Livre de l'élève p. 51
GP p. 92

Cahier de vie

De quoi as-tu peur ? des rats ? des fantômes ?

J'ai peur des ....

Qu'est-ce qui ne te fait pas peur ?

Je n'ai pas peur des ....

Test

4B

Tu sais dire ces mots
en français ?
Ecris-les !

MON SCORE : ... /14

Auto-évaluation, Unité 11

4C

Évalue ton travail !

Super ! — **Pas mal !** — **À revoir !**

Dico-mémento

4D

Découpe les mots
et colle-les,
puis contrôle
ce que tu sais !

Où habites-tu ?

1A

Regarde et écris !

Livre de l'élève p. 52
GP p. 94

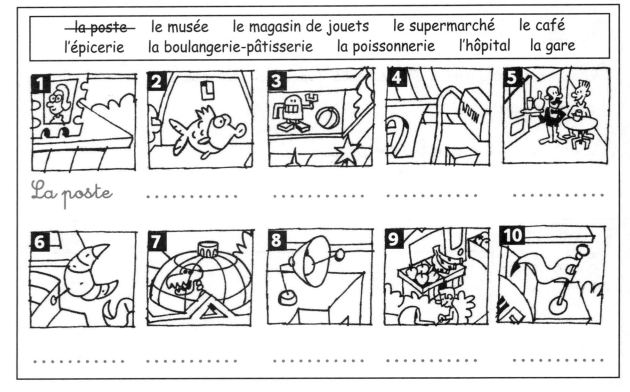

| la poste | le musée | le magasin de jouets | le supermarché | le café |
| l'épicerie | la boulangerie-pâtisserie | la poissonnerie | l'hôpital | la gare |

1 2 3 4 5

La poste ....

6 7 8 9 10

....

1B

Écris ton adresse !

Dessine les rues et les bâtiments près de chez toi !
Écris les mots !

Envoie ton plan à ton ou ta camarade !

Livre de l'élève p. 52
GP p. 94

Où habites-tu ?

| ma maison - ma rue - mon école - la piscine - le zoo - le cinéma - etc. |

J'habite .... *rue* .... *à* ....

Voilà le plan :

2A

Lis et dessine ton chemin sur le plan !

Livre de l'élève p. 53
GP p. 96

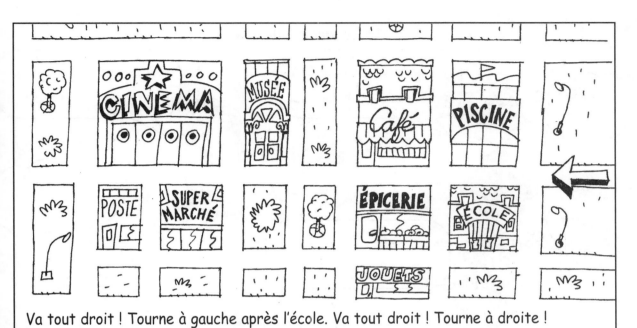

Va tout droit ! Tourne à gauche après l'école. Va tout droit ! Tourne à droite !
Regarde le magasin de jouets ! Traverse trois rues. Va tout droit...
Après le supermarché, tourne à droite. Va tout droit jusqu'au cinéma !
Aujourd'hui le film c'est « L'école des vampires ». Tu vas voir le film ?

2B

Prépare la grille pour ton voisin, ta voisine !

Livre de l'élève p. 53
GP p. 96

à la piscine - au magasin de jouets - au zoo - au supermarché - à la gare - au café -
au cinéma - à l'épicerie - à la pâtisserie - à la boulangerie - à la poissonnerie - à l'école

	Vrai	Faux
Je vais acheter du pain	☐	☐
Je vais acheter une poupée	☐	☐
Je vais acheter des bananes	☐	☐
Je vais aller nager	☐	☐
Je vais regarder les animaux	☐	☐
Je vais voir un film	☐	☐
Je vais acheter de l'eau minérale	☐	☐
Je vais acheter du poisson	☐	☐
Je vais boire un jus d'orange	☐	☐
Je vais apprendre à lire et à compter	☐	☐
Je vais acheter des gâteaux	☐	☐
Je vais prendre le train	☐	☐

3A

Écris !

Livre de l'élève p. 54
GP p. 98

Dessine et écris !

Je voudrais aller...

Je voudrais aller à la boulangerie.

3B

Relie les mots aux bâtiments de la ville et dessine !

Livre de l'élève p. 54
GP p. 98

La ville des . . . .

des sorcières - des pirates - des vampires - des fantômes - des momies -
des robots - des monstres - des rats - des loups - des araignées -
des dragons - des ours - des serpents - des mouches

La maison . . . .

L'école . . . .

Le musée . . . .

Le supermarché . . . .

L'hôpital . . . .

Le café . . . .

Le zoo . . . .

Le cinéma . . . .

Tu sais répondre
à ces questions ?

Livre de l'élève p. 55
GP p. 100

Cahier de vie

Où habites-tu ?

....

Où vas-tu acheter du pain ? des gâteaux ? du poisson ?

....

Test

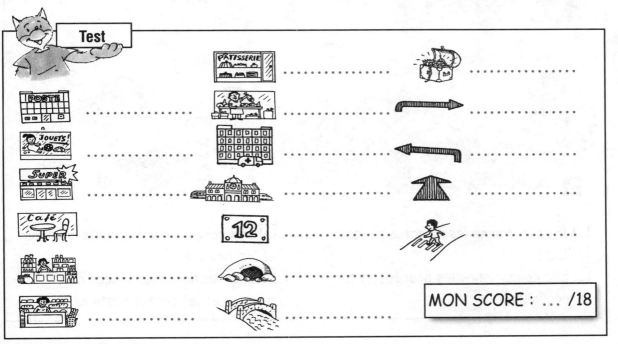

MON SCORE : ... /18

Tu sais dire ces mots
en français ?
Écris-les !

Auto-évaluation, Unité 12

Super !   **Pas mal !**   **À revoir !**

Évalue ton travail !

Dico-mémento

Découpe les mots
et colle-les,
puis contrôle
ce que tu sais !

Qu'est-ce que tu collectionnes ?

1A

Lis et numérote les phrases !

Livre de l'élève p. 58
GP p. 102

☐ Il collectionne les insectes et les cailloux.

☐ Elle collectionne les poupées et les autocollants.

☐ Elle collectionne les porte-bonheur et les timbres.

☐ Il collectionne les pièces de monnaie et les cartes postales.

1B

Regarde le livre page 58 et complète !

Livre de l'élève p. 58
GP p. 102

collectionner	aimer	vouloir	savoir
Je collectionne	J'aime	Je veux	Je sais
Tu	Tu	....	....
Il	Elle	....	....
Nous	Nous	....	....
Vous	Vous	....	....
Ils	Elles	....	....

2A

Associe les répliques
et mets le bon
numéro dans les
bulles !

Livre de l'élève p. 59
GP p. 104

~~onze~~	trois cents	trente mille	cent trente	vingt-cinq	cinquante-six

[77] Combien as-tu d'ours ? — J'en ai *onze* !

[25] Combien as-tu d'insectes ? — J'en ai . . . . !

[56] Combien as-tu d'autocollants ? — J'en . . . . !

[130] Combien as-tu de pièces de monnaie ? — J' . . . . !

[300] Combien as-tu de timbres ? — . . . . !

[30000] Combien as-tu de cailloux ? — . . . . !

2B

Regarde et
complète !

Livre de l'élève p. 59
GP p. 104

3A

Attention, il y a des « intrus » !
Entoure les bonnes images et écris les mots !

Livre de l'élève p. 60
GP p. 106

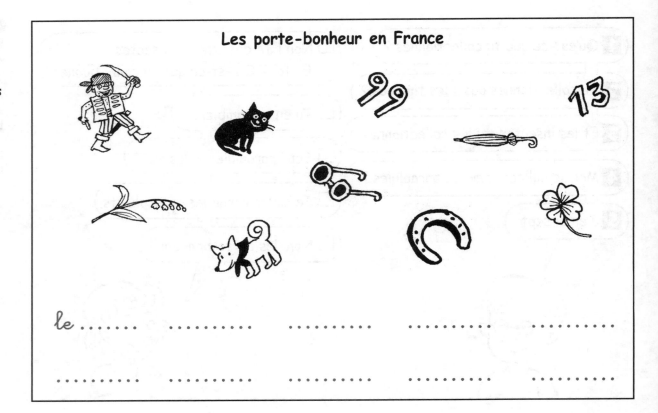

Les porte-bonheur en France

le ....

....

3B

Lis et dessine
les porte-bonheur !

Livre de l'élève p. 60
GP p. 106

Mamie a un fer à cheval dans son sac, un brin de muguet sur sa veste, le nombre 13 sur son chapeau. Sa mascotte, la perruche, a un trèfle à quatre feuilles sur la tête !

Unité **13** LEÇON 4

 **Cahier de vie**

Qu'est-ce que tu collectionnes ?

···

Y a-t-il des porte-bonheur dans ton pays ? Dessine-les !

 4A

Tu sais répondre
à ces questions ?

Livre de l'élève p. 61
GP p. 108

Test

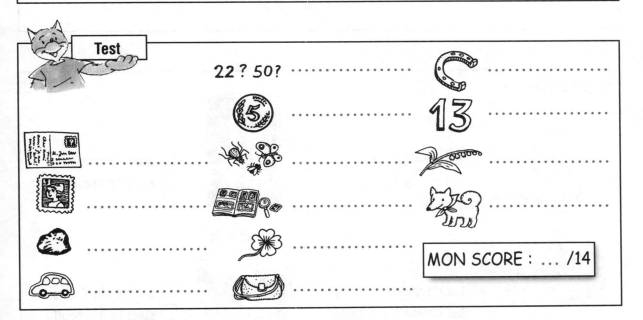

22 ? 50? ··········

·····················

·····················

·····················

MON SCORE : ... /14

 4B

Tu sais dire ces mots
en français ?
Écris-les !

Auto-évaluation, Unité 13

 **Super !**

 **Pas mal !**

 **À revoir !**

 4C

Évalue ton travail !

 **Dico-mémento**

 **4D**

Découpe les mots
et colle-les,
puis contrôle
ce que tu sais !

Qu'est-ce que tu as perdu ?

1A

Relie les mots
aux dessins !

Livre de l'élève p. 62
GP p. 110

la commode

l'armoire

le canapé

le fauteuil

le lit

1B

Lis et coche
la bonne case !

Livre de l'élève p. 62
GP p. 110

Le parapluie est…

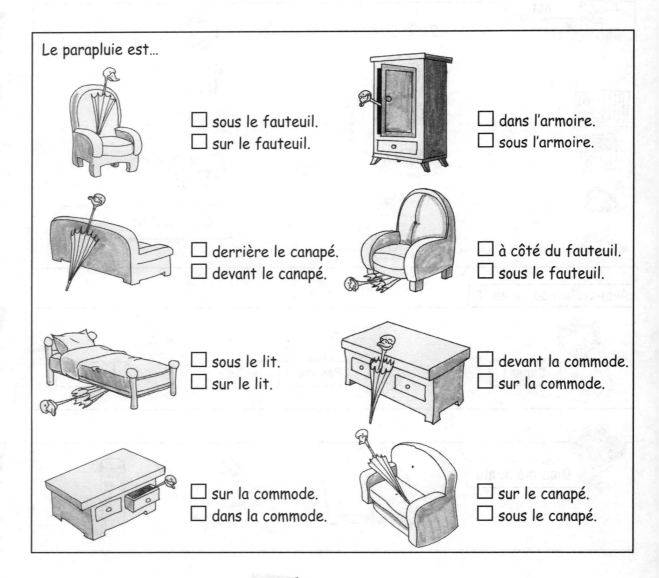

☐ sous le fauteuil.
☐ sur le fauteuil.

☐ dans l'armoire.
☐ sous l'armoire.

☐ derrière le canapé.
☐ devant le canapé.

☐ à côté du fauteuil.
☐ sous le fauteuil.

☐ sous le lit.
☐ sur le lit.

☐ devant la commode.
☐ sur la commode.

☐ sur la commode.
☐ dans la commode.

☐ sur le canapé.
☐ sous le canapé.

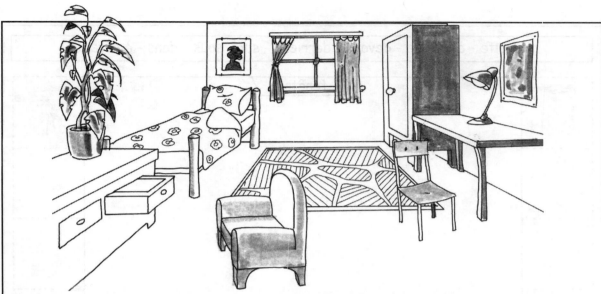

Lis et dessine
les objets !

Livre de l'élève p. 63
GP p. 112

J'ai mis mon ballon sous le lit. J'ai oublié mon appareil photo sur la chaise. Il y a une chaussette derrière le rideau ! Ma trousse est sur la table. Sur la table, il y a aussi deux timbres. J'ai mis mes chaussures devant l'armoire. J'ai mis mes lunettes dans la commode. Il y a trois pièces de monnaie sur le tapis. J'ai mis une carte postale devant la lampe. J'ai oublié mon parapluie sous le fauteuil !

Regarde et écris !

Livre de l'élève p. 63
GP p. 112

1. Il y a un chat *derrière* le rideau.

2. Il y a des crayons . . . . la table.

3. Il y a un livre . . . .

4. Il y a une chaise . . . .

5. Il y a un sac . . . .

6. Il y a une . . . . sous . . . .

7. Il y a un . . . . devant . . . .

8. Il y a des . . . .

9. Il y a une . . . .

10. Il y a un . . . .

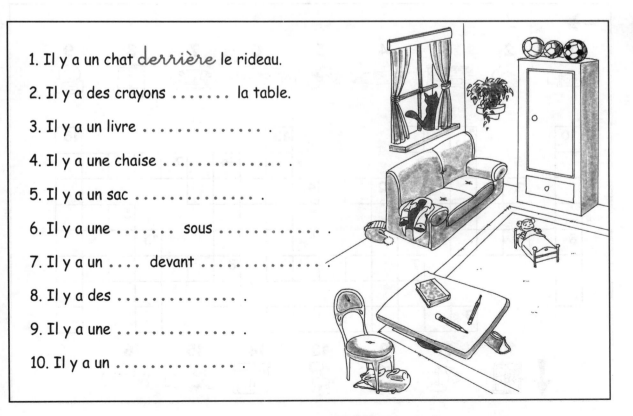

3A

Découpe les meubles et installe-les dans la pièce ! Puis décris-la à ton voisin, ta voisine !

Livre de l'élève p. 64
GP p. 114

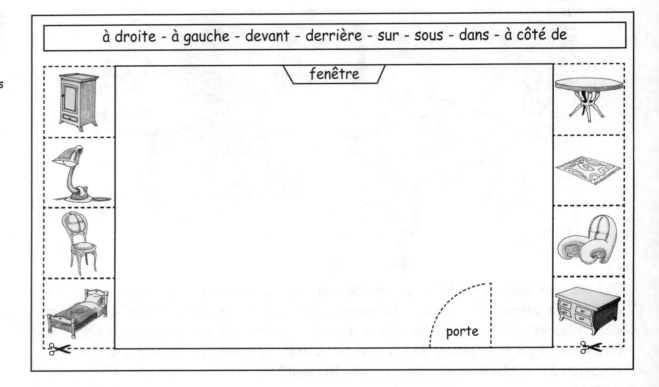

à droite - à gauche - devant - derrière - sur - sous - dans - à côté de

fenêtre

porte

3B

Écris les mots !

Livre de l'élève p. 64
GP p. 114

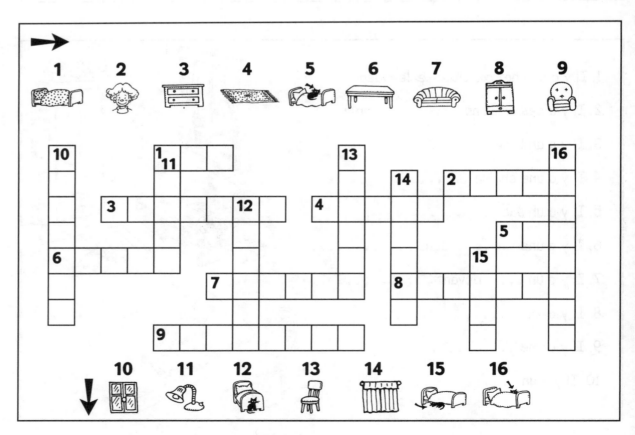

Cahier de vie

Où est ta trousse ? Sur la table ? Sur la chaise ?

Où as-tu mis tes chaussures ? Sous l'armoire ? Sous le lit ?

4A

Tu sais répondre
à ces questions ?

Livre de l'élève p. 65
GP p. 116

Test

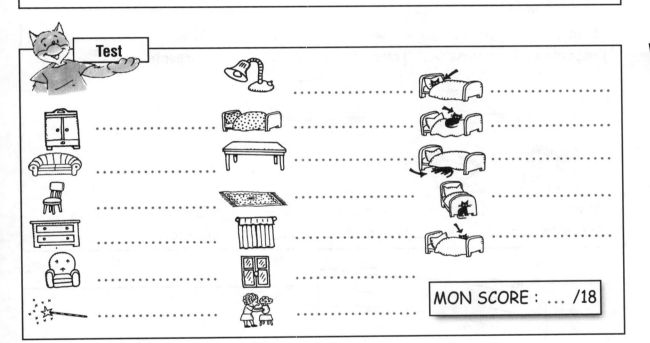

MON SCORE : ... /18

4B

Tu sais dire ces mots
en français ?
Écris-les !

Auto-évaluation, Unité 14

 Super !

 Pas mal !

 À revoir !

4C

Évalue ton travail !

 **Dico-mémento**

4D

Découpe les mots
et colle-les,
puis contrôle
ce que tu sais !

On part en vacances !

1A

Complète les phrases !

Livre de l'élève p. 66
GP p. 118

faire beau - faire froid - neiger - faire du vent - pleuvoir - faire chaud - un bonnet
- un chapeau - un manteau - des lunettes de soleil - un parapluie - des bottes

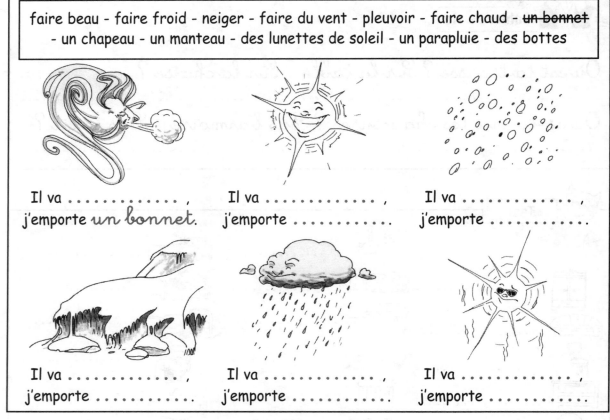

Il va . . . . , j'emporte *un bonnet.*

Il va . . . . , j'emporte . . . .

Il va . . . . , j'emporte . . . .

Il va . . . . , j'emporte . . . .

Il va . . . . , j'emporte . . . .

Il va . . . . , j'emporte . . . .

1B

Lis et dessine !

Livre de l'élève p. 66
GP p. 118

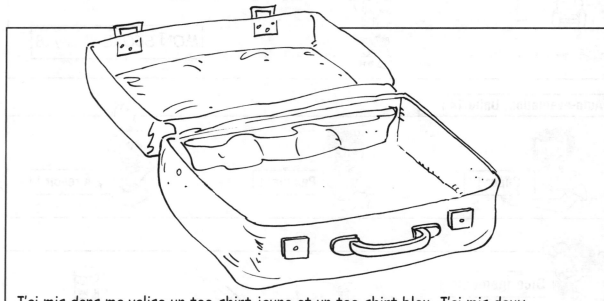

J'ai mis dans ma valise un tee-shirt jaune et un tee-shirt bleu. J'ai mis deux chaussettes blanches et un pantalon noir, un maillot rouge, une serviette de bain verte, un chapeau bleu et des lunettes noires. Il y a aussi un livre et un appareil photo !

une robe - un pantalon - un tee-shirt - un pull - un maillot - des lunettes - un plan - une carte - une chemise - une casquette - des chaussettes - des chaussures - des sandales - etc.

Sara a mis dans sa valise *une robe,* ....

....

Greg a mis dans sa valise *un pantalon,* ....

....

à la montagne - visiter une ville - à la campagne - à la mer

J'aime regarder les magasins,
visiter les musées :
Je pars .... !

J'aime marcher, voir des cerfs et
des renards, faire de l'escalade :
Je pars .... !

J'aime regarder les bateaux,
rêver sur la plage, nager !
Je pars .... !

J'aime les poules, les canards,
les vaches. J'aime habiter à la ferme !
Je pars .... !

3A

Écris une lettre à ton correspondant ou à ta correspondante !

Livre de l'élève p. 68
GP p. 122

..................., le ....

Bonjour .... !

Je m'appelle .... J'ai ...... ans.

Je suis né(e) le ....

J'habite à .... , à côté d ....

Je me réveille à .... heures et je vais à l'école à

.... heures.

J'aime .... et ....

Je suis fort(e) en .... et en ....

Je déteste ....

Je préfère ....

Je collectionne les .... Et toi?

Je suis en vacances à ....

Je suis ...., je ....

Aujourd'hui, ... Quel temps fait-il chez toi ?

Je vais apprendre à .... ! Et toi ?

Bonnes vacances !

Au revoir !

....

4A

Tu sais répondre
à ces questions ?

Livre de l'élève p. 69
GP p. 124

Cahier de vie

Tu pars en vacances ?

....

Qu'est-ce que tu emportes ?

....

Qu'est-ce que tu vas faire ?

....

4B

Tu sais dire ces mots
en français ?
Écris-les !

Test

MON SCORE : ... /15

Auto-évaluation, Unité 15

4C

Évalue ton travail !

 **Super !**

 **Pas mal !**

 **À revoir !**

4D

Découpe les mots
et colle-les,
puis contrôle
ce que tu sais !

Dico-mémento

Unité 1

	l'ami(e)		le rat		peindre
	l'artiste		la fable		rire
	le conte		faire des tours de magie		

Unité 2

	se lever (je me lève)		se laver (je me lave)		bouger (je bouge)
	rêver (je rêve)		se réveiller		(je me réveille)
			se brosser les dents		(je me brosse les dents)
	courir (je cours)		s'habiller		(je m'habille)
	le sac		se dépêcher		(je me dépêche)
	en retard		aller à l'école		(je vais à l'école)

Unité 3

	le français		les maths		la géographie
	le sport		les sciences		la musique
	aimer (j'aime)		adorer (j'adore)		détester (je déteste)
	l'histoire		les arts plastiques		la cantine
	la récréation		être fort(e) en...		(je suis fort(e) en...)

Unité 4

	la mère / maman		le père / papa		la grand-mère / mamie
	le grand-père / papi		la tante / tata		l'oncle / tonton

	janvier		février		mars
	avril		mai		juin
	juillet		août		septembre
	octobre		novembre		décembre
50	cinquante	**60**	soixante	**70**	soixante-dix
80	quatre-vingt	**90**	quatre-vingt-dix	**100**	cent

Unité 5

	le soleil (Le soleil brille.)		l'orage (Il y a de l'orage.)		la pluie (Il pleut.)
	la neige (Il neige.)		la goutte		le nuage
	le vent (Il fait du vent.)		froid (Il fait froid.)		chaud (Il fait chaud.)
	beau (Il fait beau.)		le parapluie		les lunettes (de soleil)
	aujourd'hui		demain		la tempête

Unité 6

	la faim (j'ai faim)		la soif (j'ai soif)		la peur (j'ai peur)
	fatigué(e)		triste		fâché(e)
	malade		le ventre		(j'ai mal au ventre)
	avoir mal (j'ai mal)		la gorge		(j'ai mal à la gorge)
	aller bien (je vais bien)		la dent		(j'ai mal aux dents)

Unité 7

	plus		moins		faire du sport

Bonne année !	travailler	apprendre (j'apprends)
le château	faire de la voile	acheter (j'achète)
vendre (je vends)	faire de l'escalade	(je fais de l'escalade)

Unité 8

le café	le salon de thé	la crêperie
le sandwich	la glace	la crêpe
le jus de pomme	le coca	la tomate
la quiche	le citron	la fraise
la vanille	la tarte	l'eau
verser	mélanger	retourner
la farine	l'huile	le sel

Unité 9

je	tu	il
elle	nous	vous
ils	elles	le lion
l'animal	la boisson	la nourriture
	la matière (scolaire)	le passe-temps
la couleur	le nombre	la chanson
le violon	le génie	

Unité 10

	la forêt		le cerf		l'écureuil
	le lapin		le renard		le serpent
	le loup		le chasseur		le berger
	l'herbe		la noisette		la graine
	le fruit		la viande		la carotte
200	deux cents	**215**	deux cent quinze	**6000**	six mille

Unité 11

	l'araignée		la mouche		Poisson d'avril !
	le fantôme		le vampire		la momie
	méchant		laid		dégoûtant

Unité 12

	la poste		le magasin de jouets		le supermarché
	l'épicerie		la boulangerie		la pâtisserie
	la poissonnerie		l'hôpital		la gare
	habiter (j'habite)		la rue		à côté
	à gauche		à droite		tout droit
	traverser		devant		après
	jusqu'à		la carte		la grotte
	le trésor		le message secret		le pont

Unité 13

la carte postale	le timbre	le caillou
l'autocollant	la pièce de monnaie	l'insecte
le porte-bonheur	22 ? 50? Combien ?	porter
le trèfle à 4 feuilles	la chance	le brin de muguet
le fer à cheval	la mascotte	la collection

Unité 14

le fauteuil	l'armoire	le lit
la commode	le canapé	sur
sous	derrière	dans
la chaise	le tapis	la table
le rideau	la fenêtre	la lampe

mettre (je mets, j'ai mis)   oublier (j'oublie, j'ai oublié)   perdre (je perds, j'ai perdu)

trouver (je trouve, j'ai trouvé)   la baguette magique

Unité 15

le manteau	le maillot	la valise
le plan	la casquette	la sandale
la serviette de bain	la mer	la plage
la montagne	la campagne	la ville
emporter	partir	la girafe

Édition : Martine Ollivier
Couverture : Daniel Musch
Illustration de couverture : Jean-Claude Bauer

Maquette intérieure : Planète Publicité
Illustrations : Jean-Claude Bauer
            Nathanaël Bronn
            Isabelle Rifaux
            Volker Theinhardt

Imprimé en France par Hérissey - N° 101214 - Dépot légal : février 2006. N° d'éditeur : 10132202